DIE BUCKET LIST

Die

BUCKET LIST

500 Dinge

die man im LEBEN getan haben muss

ELISE DE RIJCK

PLAZA

Ich bin Elise, angenehm *shake hands*!
Einige Wochen vor meinem 29. Geburtstag geriet ich in Panik. Ich nannte es meine "30er-Panik". Plötzlich erkannte ich, dass das Leben so schnell vorübergeht. Deshalb entschied ich, die Dinge, die ich schon immer tun wollte, nicht mehr länger aufzuschieben. Also habe ich eine Liste gemacht mit 30 Dingen, die ich noch tun wollte, bevor ich 30 wurde. Ein Buch schreiben war eins davon und das Resultat hältst du in Händen. Mit dieser Bucket List möchte ich dich inspirieren und motivieren, möglichst viele deiner Träume wahr werden zu lassen. Aber genug von mir, dies ist dein Buch. Viel Spaß damit und dass all deine Träume in Erfüllung gehen mögen!

Dieses Buch soll dein Leben verändern. Echt wahr. Keine Panik, das ist kein Selbsthilfebuch und du sollst nicht mit philosophischen Lebensfragen überschüttet werden. Aber mit diesem Buch tanzt du im Regen, es lässt dich auf Bäume klettern, Leben retten und die Welt sehen. Du wirst damit schlanker, mit ein bisschen Glück bekommst du eine Top-Kondition und du wirst dir sämtlicher Träume bewusst.

Zugegeben, das stimmt nicht ganz. Die einzige Person, die deine Träume erfüllen kann, bist du selbst. Aber das Buch kann dir einen kleinen Schubs geben. Wir haben alle Träume, die sich aufgrund unseres hektischen Alltags noch nicht erfüllt haben. Dinge, die wir auf später verschieben, weil jetzt keine Zeit dafür ist. Aber wann ist später? (Uups, philosophische Lebensfrage!) Streichen wir „irgendwann", „später" und „dann" aus unserem Wortschatz und leben wir im Jetzt. Mit 500 Ideen, die dein Leben bereichern, hilft dir dieses Buch auf den Weg.

Ich beneide dich um all die Dinge, die du tun wirst, egal, ob für dich oder auch für andere - es ist dein Leben, das sich bereichern wird. Es gibt keine Spielregeln und kein Zeitlimit. Ab Seite 169 ist Platz vorgesehen für deine persönlichen Ziele und all deine Träume, die dein Leben zu einem perfekten machen. Dort findest du auch fünf Tipps, die dir beim Entwurf deiner eigenen perfekten Bucket List helfen.

Bist du bereit für neue Abenteuer? Dann auf die Plätze, fertig, los!

Teile deine Erfahrungen über Instagram, Facebook oder Twitter mit dem Hashtag #abucketlistlife. Ein Foto von dir selbst beim Abhaken von einem der 500 Punkte dieser Liste kann überaus motivierend sein. Oder ein Foto der tropischen Insel, die du schon immer besuchen wolltest ...
Folge anderen Bucket-List-Challengern bei Instagram, Facebook & Co. und lass dich von ihren Erfolgen und Erlebnissen inspirieren.

stop dreaming,
start doing!

TODAY iS THE YOUNGEST you'll ever be.

SO IF NOT NOW, WHEN ...?

1. ☑ 1. Eine Bucket List schreiben.   Glückwunsch, dein erster Punkt ist abgehakt. Weiter so!

2. ☐ MIT EINEM HUND GASSI GEHEN. ODER MIT EINER KATZE, EINEM KANINCHEN ODER EINEM GOLDFISCH.
Wenn dir das Letzte gelingt, wollen wir Beweise sehen! #abucketlistlife

☐ Einen Liebesbrief schreiben oder ☐ einen bekommen. **3.**

An_____ / Von _____

love you
x forever

4. ☐ Im Regen tanzen.
Like nobody's watching!

5. ☐ Auf ein Konzert von _____
Trag hier deinen Lieblingskünstler ein
gehen. ☐ Und in der ersten Reihe stehen.

6. ☐ EINE ESSENSSCHLACHT AUSTRAGEN.

WENN DEINE KÜCHE SAUBER BLEIBEN SOLL, GILT AUCH ☐ EINE SCHNEEBALLSCHLACHT.

☐ EINE WASSERSCHLACHT ODER ☐ EINE SCHLAMMSCHLACHT.

WENN DU RICHTIG MUTIG BIST (ODER AUCH LANGWEILIG), DANN GILT AUCH ☐ EINE KUSSSCHLACHT.

7. ☐ Auf einer Bühne stehen und ☐ stehende Ovationen bekommen. Applaus!

8. ☐ Tandem fahren

9. ☐ PUPSEN.

Draußen! Du möchtest dein Haus ja nicht in Rauch aufgehen lassen!

10.

☐ 10 HAUPTSTÄDTE BESUCHEN, DENN DU BIST DOCH EIN MANN/EINE FRAU VON WELT!

☐ _ _ _ _ _ _ _ _ _ _ _ _ _ _   ☐ _ _ _ _ _ _ _ _ _ _ _ _ _ _

☐ _ _ _ _ _ _ _ _ _ _ _ _ _ _   ☐ _ _ _ _ _ _ _ _ _ _ _ _ _ _

☐ _ _ _ _ _ _ _ _ _ _ _ _ _ _   ☐ _ _ _ _ _ _ _ _ _ _ _ _ _ _

☐ _ _ _ _ _ _ _ _ _ _ _ _ _ _   ☐ _ _ _ _ _ _ _ _ _ _ _ _ _ _

☐ _ _ _ _ _ _ _ _ _ _ _ _ _ _   ☐ _ _ _ _ _ _ _ _ _ _ _ _ _ _

11. ☐ Deine größte Angst überwinden:

_ _

Oder willst du ein Feigling sein?

12. ☐ Die Sonne im Meer versinken sehen.

Jetzt hast du drei Tage lang einen Ohrwurm. Sorry!

☐ Barfuß durchs Gras laufen. # 13.

Achtung: Tretminen!

☐ DEIN ERSTES GRAUES HAAR AUSREISSEN. DU BIST ... JAHRE JUNG! **14.**

(JA, DU SIEHST RICHTIG! HIER IST PLATZ, UM DAS GRAUE HAAR EINZUKLEBEN. JIPPIE!)

15. ☐ EIN BLIND DATE HABEN. (DAVON WIRD STARK ABGERATEN. WENN DU IN EINER BEZIEHUNG BIST!)

16. ☐ EINE ÜBERDOSIS _____ ESSEN.
GUTE IDEE: SÜßKRAM, SCHOKOLADE ODER POPCORN.
SCHLECHTE IDEE: CHILIS (OH, DER TAG DANACH) - UND GANZ BESONDERS, WENN DU NOCH EIN BLIND DATE HAST.

17.

Deine ☐ Kinder aufwachsen sehen.

Oder erst einmal ☐ Mama oder ☐ Papa werden.

18.

Glückwunsch!

19.

☐ EIN (MENSCHEN-)LEBEN RETTEN. SPANNEND! WIE FÜHLT ES SICH AN, EIN HELD ZU SEIN?

_____

_____

_____

_____

20.

☐ Blut spenden. (Damit kannst du auch Punkt 19 abhaken.)

21.

Stell dir vor, du bist 10 Jahre älter. Schreib dir selbst einen Brief. ☐

-->

22.

☐ Einem Obdachlosen helfen.

Du hast das Herz am rechten Fleck!

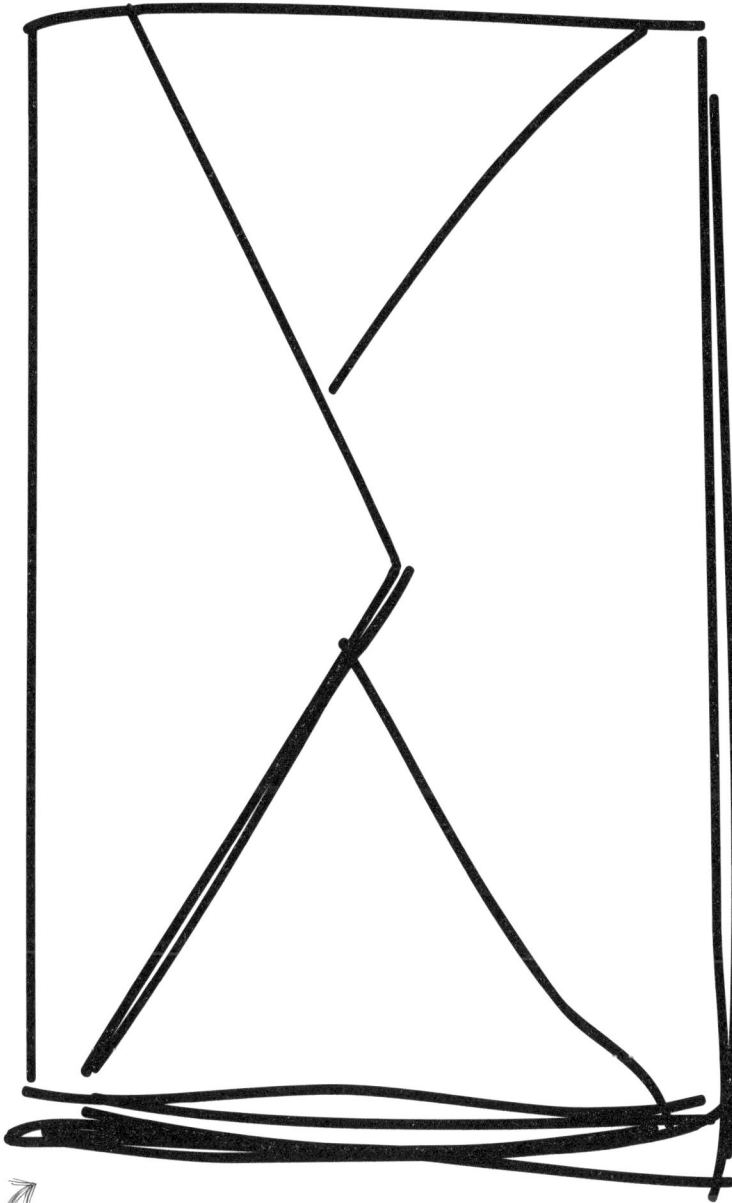

21. KLEBE HIER DEN BRIEF AN DEIN ZUKÜNFTIGES SELBST IN EINEM GESCHLOSSENEN UMSCHLAG EIN. DU DARFST IHN NICHT ÖFFNEN VOR DEM .. / .. / 20.. . HÄLTST DU DIE SPANNUNG 10 JAHRE LANG AUS?

23. ☐ Venedig besuchen, bevor es untergeht ☐ und dort mit einer Gondel fahren.

☐ Ein Buch schreiben mit dem Titel: **24.**

---

25. ☐ Eine Kuh melken. MUUUUH!

☐ Zu einem Klassentreffen gehen. (Übernimm die Initiative!)
Von dieser Person hätte ich nicht gedacht, dass er/sie wird, was er/sie ist:

_____

Diese Person hätte ich fast nicht wiedererkannt: **26.**

_____

Diese Person hätte ich lieber nicht wiedergesehen:

_____

Niemand liest mit!

27. ☐ Jemandem eine Torte ins Gesicht werfen.
Es war eine _____torte. Lecker!

28. ☐ Skifahren oder ☐ Snowboarden ☐ ohne sich etwas zu brechen.

29. ☐ Deinen Körper in Topform bringen. (Sei dir selbst dankbar!)

30. ◼ Unter den Sternen schlafen. Funkel, funkel.

Wo? _____

Wer war dabei? _____

31. ◼ Einen Schnurrbart wachsen lassen.

Die Damen natürlich nicht.

32. ◼ Ein UFO sehen. ◼ Und keine Angst haben, jemandem davon zu erzählen.

33. ◼ 33. Alle Kontinente bereisen.
- ◼ Asien
- ◼ Afrika
- ◼ Nordamerika
- ◼ Südamerika
- ◼ Antarktis
- ◼ Europa
- ◼ Australien

34.

◼ Eine Woche ohne soziale Medien (über-)leben.

#digitaldetox #offline #unplugging #signoff #disconnecttoreconnect
#welcometotheflipside #intotherealworld

35.

☐ 10 neue Wörter lernen (und sie auch benutzen).

☐ _____   ☐ _____

☐ _____   ☐ _____

☐ _____   ☐ _____

☐ _____   ☐ _____

☐ _____   ☐ _____

Oh you, smartypants!

36.

☐ Etwas unglaublich Mutiges tun. Erzähl mehr:

_____

_____

_____

_____

_____

_____

_____

_____

_____

_____

when was the last time you did something for the first time?

☐ Bingo spielen im Altersheim und ☐ falsch „Bingo" rufen. **37.**

38. ☐ Eine Schlange um deinen Hals legen.

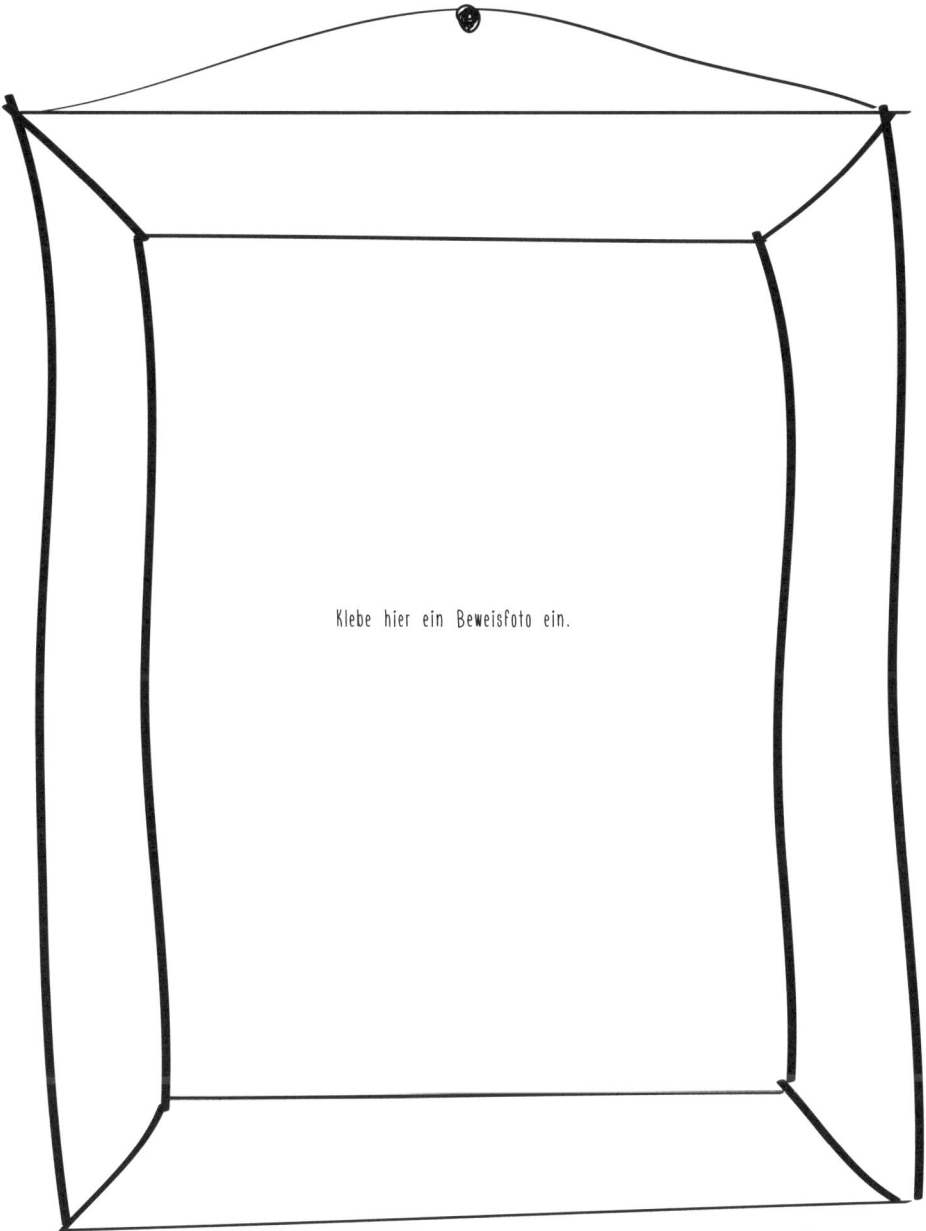

Klebe hier ein Beweisfoto ein.

39.

☐ Ein Lieblingslied auswählen. lalalalalalala.... Welches ist es geworden?

_____

_____

_____

40. ☐ Den Rasen mähen und den Duft von frisch gemähtem Gras genießen.

41.

☐ Mit Klamotten ins Schwimmbecken springen
oder ☐ mit Socken duschen.

42. ☐ Bei einer Auktion dabei sein ☐ und auf etwas
bieten. Hattest du das höchste Gebot? Ja/nein.

43. ⌂ Ein Haus/eine Wohnung kaufen.

☐ An einer Spiel-Show im Fernsehen teilnehmen oder, wenn du **44.**
ein bisschen schüchtern bist, zählt auch ☐ das lokale Dorfquiz.

45. ☐ Jemanden inspirieren. Wie, wen und wozu?

----

46. 💍 Die Liebe deines Lebens heiraten.

Klebe hier ein Foto von deinem schönsten Tag ein!

.../.../20....

17. ☐ Den Weltfrieden erleben.

Wollen wir das nicht alle?

48. ☐ ALS ORGANSPENDER REGISTRIEREN.

Was willst du mit zwei Nieren? Eine genügt zum Trinken.

49. ☐ EIN RICHTIG GROSSES FEUERWERK LIVE ERLEBEN.

50. ☐ Eine Flaschenpost verschicken.

Schreib deine Adresse dazu, vielleicht schreibt jemand zurück.

51.

☐ Im Kasino alles auf Rot setzen.

52.

☐ Fragen, ob man den Einsatz erhöhen kann.
(Pokerface aufsetzen, wenn die Kugel auf Schwarz fällt.)

53. ☐ Vor Publikum singen. Karaoke-Zeit!

First you'll be afraid, you will be petrified
You will keep thinkin' you could never sing this song with pride
But then you'll spent so many nights thinking how it could go wrong,
and you grew strong, you learned how to sing a song.

You will not crumble? You will not lay down and die?
Oh no not you! You will survive! Hey hey...!

54. ☐ Es ins Guiness Buch der Rekorde schaffen.

Womit? _____

_____

_____

GLÜCKLICH SEIN.

55

56.

☐ Uneingeladen auf eine Party gehen oder

☐ in eine ausverkaufte Veranstaltung hinein-
schleichen.

57. ☐ In einem Cabrio (mit-)fahren und lauthals falsch singen.
Umpfff umpfff umpfff!

58. ☆ Sich bei einer Stern-
schnuppe etwas wünschen.

59. ☐ Eine Kugel abfeuern.

Ja, der Schietkram auf der Kirmes zählt auch!

60.
☐ Einen (Geld-)Preis gewinnen. Was/wie viel hast du gewonnen?

_____

61.
☐ Mit deinen Zehen die Nase berühren. Puh!

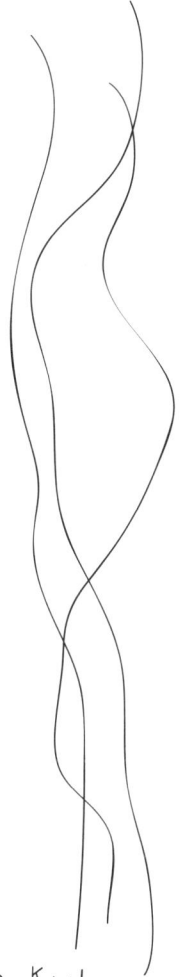

62.
☐ Befreundet sein mit jemandem aus einer anderen Kultur.

63.
☐ Eine Zigarre rauchen ☐ in Kuba.

64. ☐ DEN FÜHRERSCHEIN MACHEN. BRUMM BRUMM!

65. ☐ AUF EINEN BAUM KLETTERN.

66. ☐ Ein vierblättriges Kleeblatt finden. 🍀

67.
☐ Wein aus deinem Geburtsjahr probieren.
Das ist das Jahr _____.

68.

☐ Einen Aprilscherz aushecken. Erzähl mehr:

_____

_____

_____

_____

_____

_____

Haha, das ist ulkig!

☐ Dich selbst googlen. # 69.

Wie viele Treffer sind es? _____

70.

☐ Einen Frosch küssen und schauen, ob er sich in einen Prinzen verwandelt. SCHMATZ!

71.

☐ Ein Wort ausdenken und dafür sorgen, dass es andere auch benutzen.

Mein Wort ist: _____

und es bedeutet: _____

Wieso ist Fossie kein Wort? Na ja. Du bist ein Fossie.*

☐ Mit Stäbchen essen ☐ in China. **72.**

73. ☐ Im Hotel den Zimmerservice bestellen.

74. ☐ 24 Stunden alleine sein.

*Fossie: Eine Person, die jeden Tag das Beste aus ihrem Leben machen möchte.

75.

☐ Jemanden ausspionieren (mit Verkleidung).

Wen? _____

Hat er/sie dich bemerkt? Ja/nein.

76. ☐ Macarena tanzen. Heeeey Macarena!

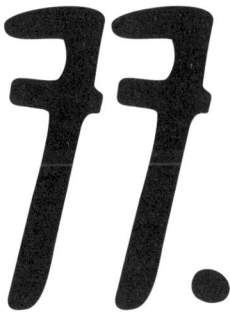

77.

☐ Ein Haustier halten.

Ist es ein Tiger? Ein Affe? Eine Giraffe?

Oder entscheidest du dich doch für eine Katze

oder einen Hund?

Er/sie heißt _____

Wuff*Miau

78. ☐ In eiskaltes Wasser springen. BRRRRR.

79. ☐ EINEN GANZEN TAG IM BETT LIEGEN BLEIBEN.

80. ☐ DEINE STIMME AM TELEFON SO VERSTELLEN, DASS DER ANRUFER DENKT, ER SEI FALSCH VERBUNDEN. (AUCH, WENN DER ANRUFER LANGE DURCHHÄLT.)

Wer ist da? Hallo, haaaaaalloo?

81. ☐ Über heiße Kohlen laufen. Autsch!

Klebe ein Bild ein von deinem Abenteuer.

82.

☐ Die Haare färben, um zu sehen, wie das Leben als Brünette/Blondine ist.

Vorher:

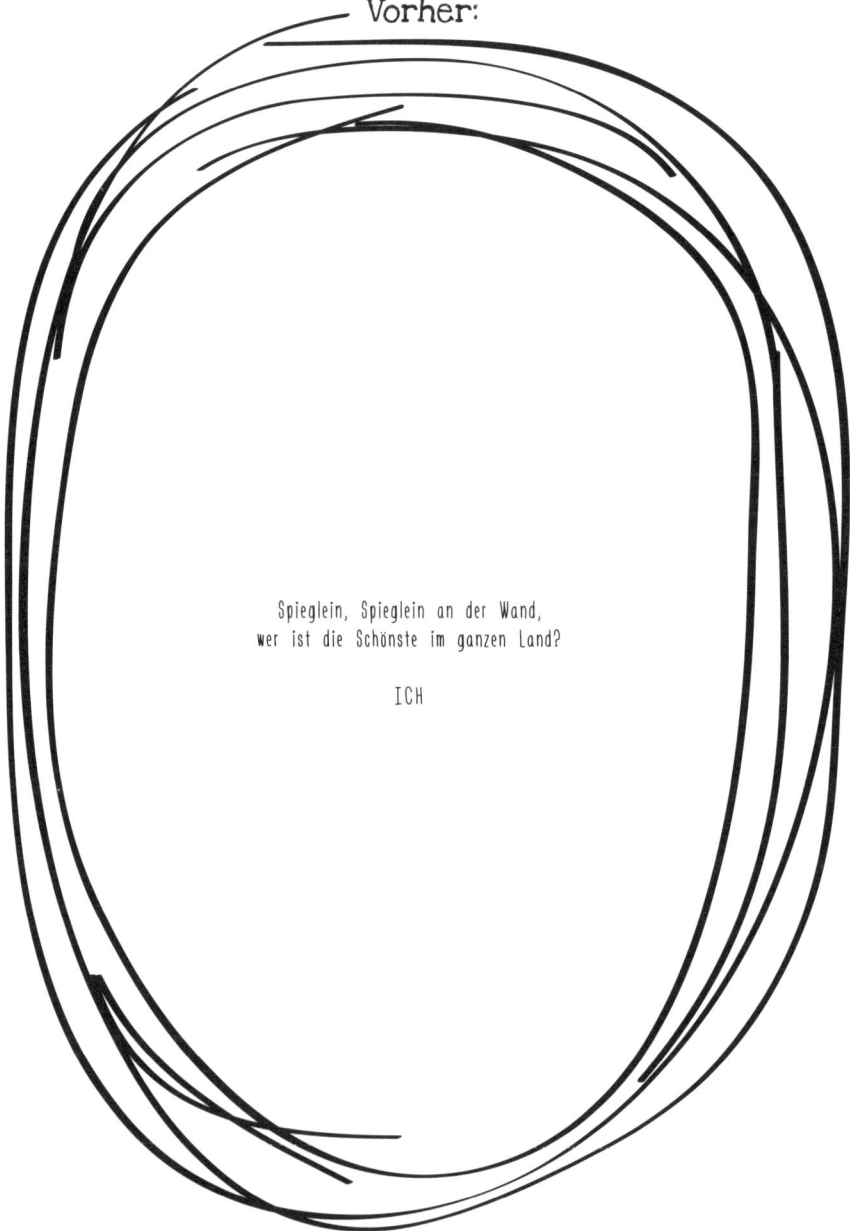

Spieglein, Spieglein an der Wand,
wer ist die Schönste im ganzen Land?

ICH

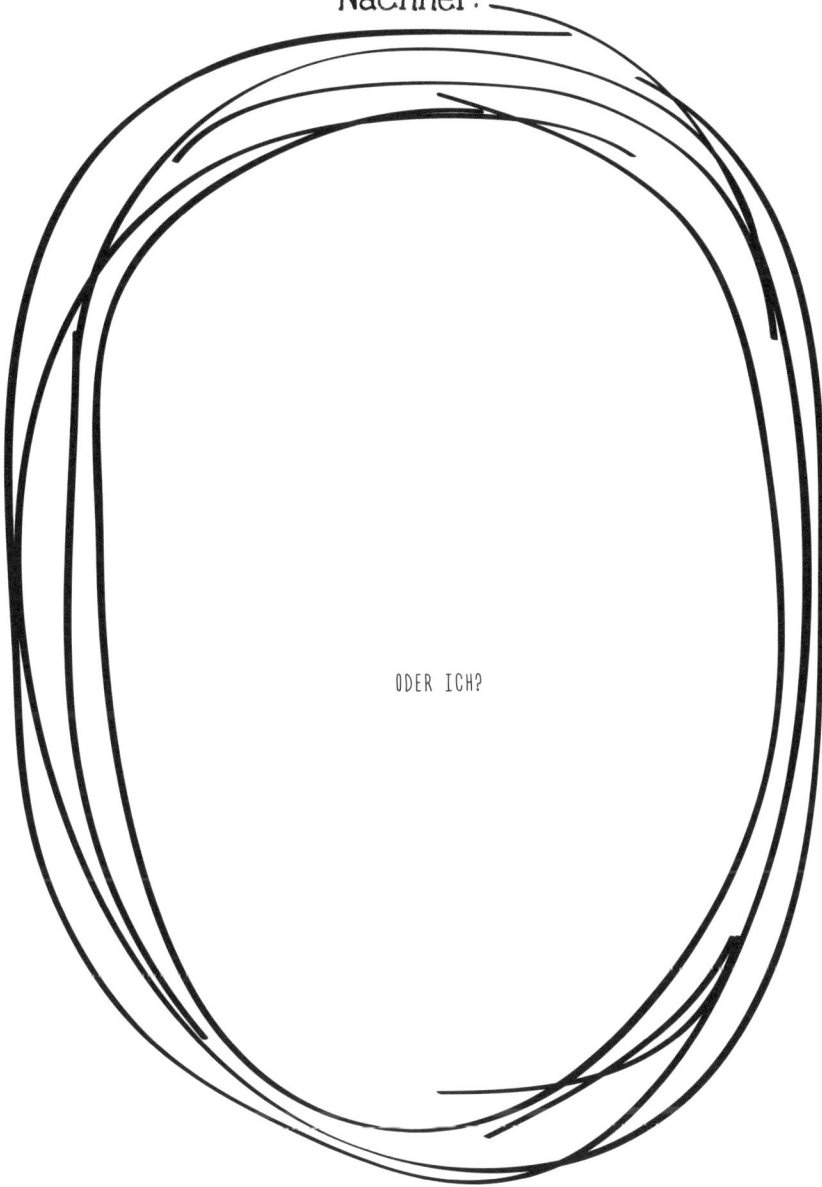

Nachher:

ODER ICH?

Und? Haben Blondinen mehr Spaß? Ja/Nein. Oder fühlst du dich schlanker als Brünette? Ja/Nein

83. ☐ Auf einem Berggipfel stehen.

Es muss nicht der Everest sein.

84. ☐ Im Aufzug pupsen. (Und dann so tun, als sei es jemand anderes gewesen.)

☐ Deinen Traumjob finden. **85.**

86. ☐ Einen Vorsatz fürs Neue Jahr mindestens ein Jahr durchhalten. So, erzähle. Was musst du dieses Jahr (nicht mehr) machen?

_____

_____

_____

87. ☐ Backstage sein bei einem Konzert von

_____

collect
MOMENTS,
NOT THINGS.
HAVE STORIES
TO TELL, NOT
STUFF TO SHOW.

88.

HA HA HA HA HA

☐ Einen Lachkrampf kriegen ☐ in einem unpassenden Moment

HA HA HA HA HA HA HA HA

☐ Einen Baum umarmen. 89.

Frag mich nicht, warum das hier dazwischen steht.

90.

☐ Dich selbst völlig blamieren.
(Während du den Baum umarmst?)

☐ Das viel zu teure Ding kaufen, das schon seit
ewigen Zeiten auf deiner Wunschliste steht. Denn du bist es
wert! Was steht denn überhaupt auf deiner Wunschliste?

91.

_____

_____

_____

_____

92. ☐ Einen Baum pflanzen ☐ und wachsen sehen.

93. ☐ Dich selbst für einen Abend als jemand anderes ausgeben. Wolltest du schon immer wissen, wie das Leben eines Parisers/ einer Pariserin aussieht? Ab heute bist du ein Pariser/eine Pariserin. C'est chic!

☐ Achterbahn fahren ☐ mit Looping **94.**

95.

Auf dem Rücken ☐ eines Pferdes
☐ einer Kuh
☐ eines Stiers
☐ eines Esels
☐ eines Elefanten sitzen.

96. ☐ IN EINER STRETCH-LIMO MITFAHREN
☐ UND CHAMPAGNER TRINKEN. NA KLAR!

97. ☐ (MINDESTENS) 3 NATIONALPARKS BESUCHEN:

— — — — — — — — — — — — — — — — —

— — — — — — — — — — — — — — — — —

— — — — — — — — — — — — — — — — —

98.
☐ Ein Experte in irgendetwas werden. Worin?

— — — — — — — — — — — — — — — —

Jeder Experte war mal Anfänger.

99. ☐ EIN WILDES TIER BEOBACHTEN –
IN DER WILDNIS.

100. ☐ Ein Lied für jemanden schreiben. Oder noch besser: ☐ Lass jemanden ein Lied für dich schreiben!

101. ☐ Beim Bullenreiten mindestens 7 Sekunden auf der Maschine sitzen bleiben.

102.

☐ Jemanden erschrecken.

BUH!

103. ☐ Duschen unter einem Wasserfall oder ☐ einfach im Regen.

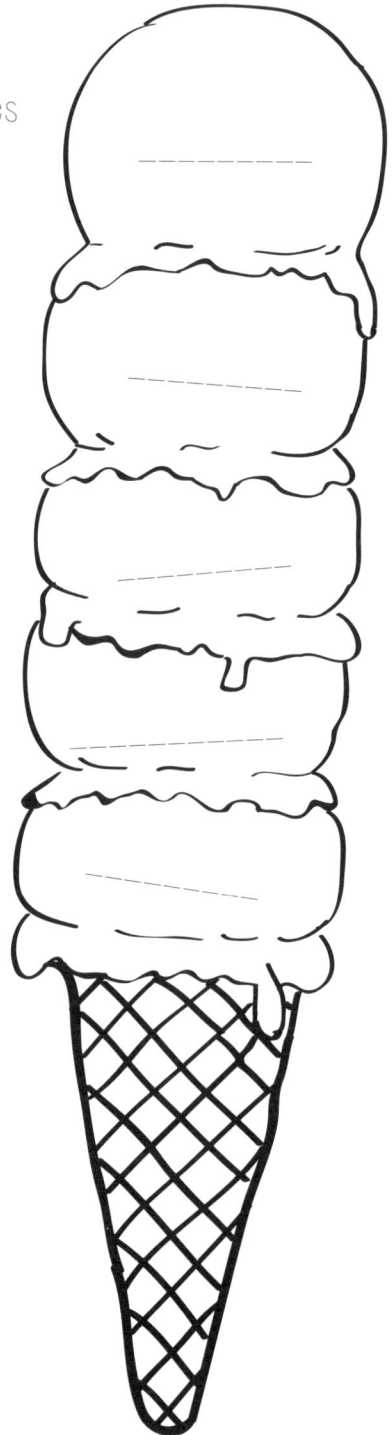

104.

☐ Deinen Namen (und den deines Schatzes) in einen Baum ritzen.

Retro-romantisch!

☐ Ein Eis mit
5 (!) Kugeln
bestellen. Was sind deine
5 Lieblingssorten?

105.

106.

☐ Amor spielen und zwei Menschen verkuppeln.

Wen?

_____ & _____

Hat die Beziehung gehalten? Ja/Nein.

107.

☐ Einen Erste-Hilfe-Kurs besuchen und danach ☐ ein Erste-Hilfe-Set zu Hause zusammenstellen. safety first!

108.

♡ Verliebt sein.

109.

☐ Eine neue Sprache lernen. Welche?

_____

Sag: Mein Name ist blablabla* und ich bin ein lieber kleiner König mit einer Fliege auf meiner Nase.

* Hier musst du natürlich deinen Namen einsetzen.

110.

☐ Mindestens 1 Lied auf einem Instrument spielen lernen.

Feel funky, feel good. You've got the music in yooooou!

111.

☐ In jedem Ozean schwimmen. Blubb, blubb, Plumps!

☐ Arktischer Ozean

☐ Atlantischer Ozean

☐ Antarktischer Ozean

☐ Indischer Ozean

☐ Pazifischer Ozean

112.

☐ Tiefseetauchen oder ☐ Schnorcheln, wenn du lieber nicht unter die Wasseroberfläche gehst.

113.

☐ Ein Erdbeben erleben.

114.

☐ Erster Klasse reisen.

115.

☐ Professionelle
☐ Nacktfotos von dir selbst
machen lassen.
#abucketlistlife - wenn du dich traust...!

116.

☐ Tango tanzen
☐ in Buenos Aires.

117.

☐ Deine Zukunft voraussagen lassen. Was hat die Wahrsagerin gesagt?

_____

_____

_____

_____

_____

_____

_____

_____

Glaubst du, dass das wirklich passieren wird: Ja/Nein.

118. ■ DIGITALE FOTOS DRUCKEN LASSEN UND DEM COMPUTER SO DEN SAFT ABDREHEN.

Bedank dich später bei mir.

119. Einen Regenbogen ■ sehen oder ■ selbst einen machen.

120. ■ 24 STUNDEN LANG EINE AUGENBINDE TRAGEN. (NICHT SCHUMMELN!)

Klebe hier ein Foto ein.

121. ☐ Zwei verschiedene Socken tragen.

Als ob du das nicht sowieso täglich machst!

122. ☐ Ein Testament schreiben. Was passiert mit deiner Briefmarkensammlung, wenn es dich nicht mehr gibt?

_____

_____

_____

_____

_____

_____

_____

_____

_____

_____

_____

_____

_____

_____

_____

_____

_____

_____

_____

Dies ist das Testament von_____ geschrieben am .../.../20.... um _____

☐

Ein Knöllchen selber schreiben. Manchmal ist Geben seliger denn Nehmen.

Datum

/ /

Nummernschild

Ländercode

Dies ist kein Knöllchen. Einzig und allein deshalb, weil ich nicht autorisiert bin, ein Knöllchen auszustellen. Wenn ich könnte, würde ich dir 2 geben!

Du kannst wirklich nicht mehr gut sehen oder du bist ein Superheld, der plötzlich weg musste auf eine lebensrettende Mission? Ich bin davon überzeugt, dass du nicht aus Egoismus, Dummheit oder Unwissenheit so parkst. Wahrscheinlich war ich nicht informiert, dass heute der Parken-wie-ein-Idiot-Tag ist.

Ich wünsche dir noch einen schönen Tag, aber ich nehme morgen den Bus!

Mit freundlichen Grüßen
ein Weg-Mitbenutzer

#ABUCKETLISTLIFE

124. ☐ Lernen, eine Krawatte zu binden.

125. ☐ Einen Anhalter mitnehmen.

126. ☐ Ein Floß bauen und ☐ mindestens 100 Meter damit fahren.

127.

☐ Auf dem Tisch tanzen.

Wenn die Katze aus dem Haus ist...

128.

☐ Versteckspielen an einem öffentlichen Ort.

Wo? _____

Mit wie vielen Personen?

☐ > 7 Das geht besser, probier es noch einmal.

☐ 7-15 Gut so, trommle noch ein paar mehr Freunde zusammen, dann wird es echt gut.

☐ 15-30 Super, oder?

☐ 30+ Fantastisch!

☐ 100+ Wow, du bist ein Trooper!

129.

Die Wolken beobachten und die Figuren erkennen.

130.

☐ Geld in einen Glücksbrunnen werfen.
Du darfst dir was wünschen!

131.

☐ Alleine in den Urlaub fahren.
Traust du dich? Wohin?

_____

The world is a
book, and those
who do not travel
read only one page.

132.
☐ Einen Abschluss machen. Oder 2. Oder 3!

There is no such thing as being overeducated!

☐ St.-Patrick's-Day feiern ☐ in Irland.

133.

134.

☐ Einem Baby die Windeln wechseln.

135. ☐ MIT DEINEM TRAUMAUTO FAHREN. (AUCH, WENN ES NUR EINE TESTFAHRT IST.)

136. ☐ TRAUBEN STAMPFEN
MIT BLOSSEN FÜSSEN.

137. ☐ Im Toten Meer treiben lassen.
Wie lange bleibst du über Wasser? ___h___min___sek

138. ☐ LERNE DEINE NACHBARN KENNEN. NICHT NUR, WEIL IN IHREM KÜHLSCHRANK VIELLEICHT DAS DRINGEND BENÖTIGTE EI FÜR DEN KUCHEN SCHLUMMERT.

139. ☐ In die Oper gehen. Was hast du gesehen?

_____

Klebe hier deine Karte ein.

140. ☐ Einen Marathon laufen.

Run, Forest, run!

141.

☐ Ein Buch von Shakespeare lesen. Welches hast du gelesen?

_____

☐ Eine professionelle Massage bekommen. **142.**

Genieß' es!

143. ☐ Ein Insekt essen. Welches Insekt war es?

_____

144.

☐ Einen aktiven ☐ Vulkan besuchen. Welchen?

_____

145. ☐ Tourist spielen in der Heimatstadt ☐ und jemandem eine Karte schicken.

☐ Mit 3 Bällen jonglieren lernen.

146.

147. ☐ 5 Leuten, die dein Leben positiv beeinflusst haben, einen Brief schreiben.

1. _____

2. _____

3. _____

4. _____

5. _____

148. ☐ Sich betrinken:

149.

☐ Sich für eine gute Sache einsetzen. Welche ist das und was tust du dafür?

_____

_____

_____

_____

_____

_____

_____

150. ☐ Mit einem Hubschrauber (mit-)fliegen.

☐ Nackt schwimmen. Hat dich jemand gesehen? Ja/Nein.

151.

there are
SEVEN DAYS
IN A WEEK &
SOMEDAY
ISN'T ONE OF THEM

152. ☐ Ein Gedicht schreiben.

Lass das Poetische in dir raus!

153. ☐ In einer Kneipe das Bier direkt aus dem Zapfhahn trinken. Prost!

154. ☐ Hochzeitsgast sein. Bei wem?

_____ & _____

155. ☐ Ein Museum besuchen, das dich wirklich interessiert. Welches Museum hast du besucht?

_____

156. ☐ Mit einem Boot fahren.

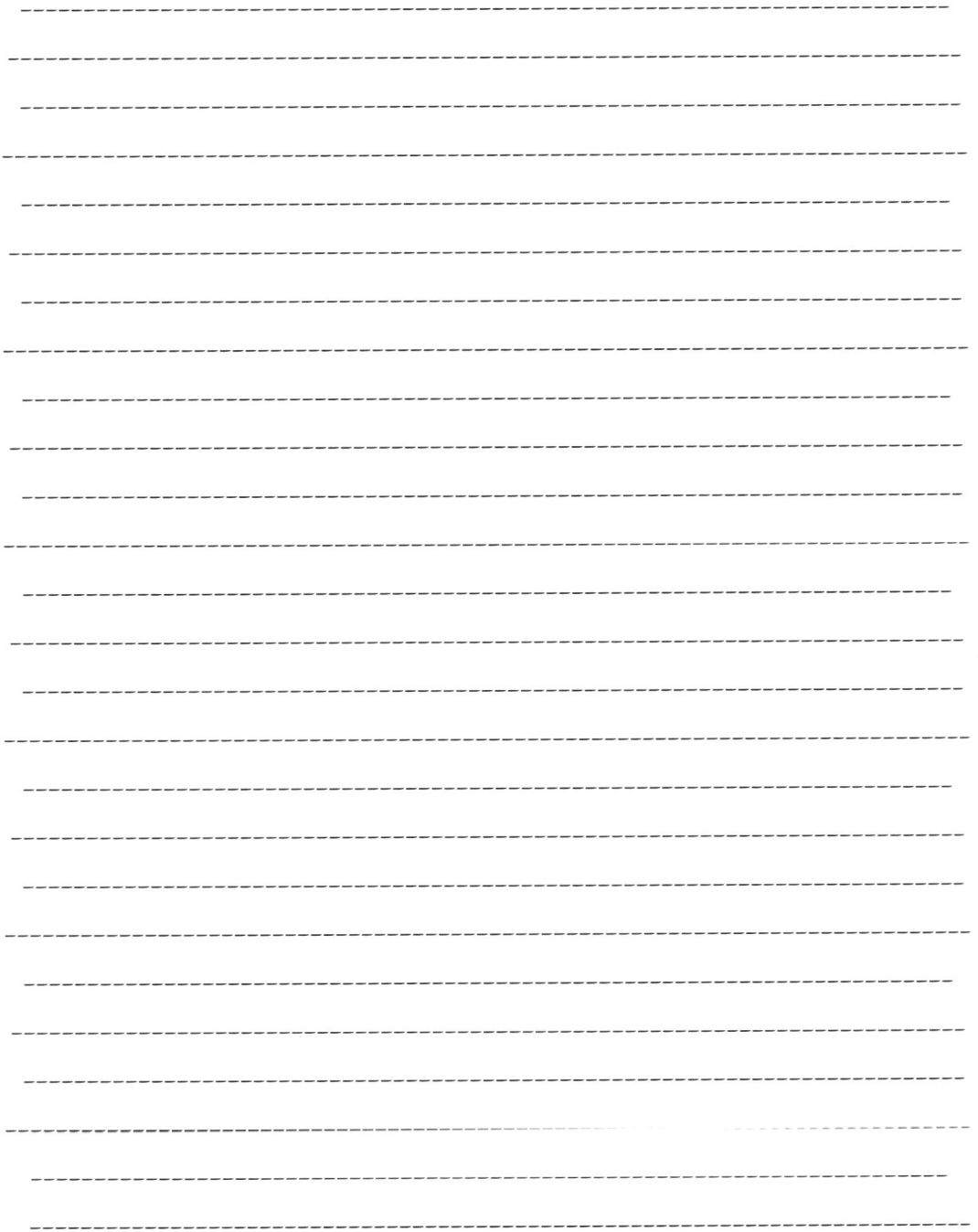

157.

☐ Kontakt aufnehmen zu einem Freund, den du seit Jahren nicht mehr gesehen hast ☐ und zusammen etwas trinken gehen. Wer ist es? _____

158.

☐ Einen Monat lang kein Fleisch essen.

159.

☐ Einen Tisch in einem Restaurant reservieren unter einem verrückten Namen wie z. B. Herr Britney Spears oder Frau Ist das Lecker.

Du musst natürlich auch hingehen.

Unter welchem Namen hast du reserviert?

_____

☐ Helium inhalieren. # 160.

161.

☐ Alles aufschreiben, was du bedauerst und es danach vergessen, indem du das Blatt verbrennst. (Nicht das ganze Buch)

Better an oops,
than a what if!

BURN BABY BURN

162. ☐ EINEN MONAT LANG KEINE PLASTIKTÜTE AUS DEM SUPERMARKT MITNEHMEN.

163. ☐ TOMATEN WERFEN BEIM TOMATINA FEST IN SPANIEN ☐ ODER DEINE EIGENE MINI-VERSION MIT FREUNDEN ORGANISIEREN.

164. ☐ VIAGRA TESTEN ☐ ODER EINE LIBIDO-PILLE FÜR FRAUEN. (AUF DEM MARKT SEIT 2016!)

165. ☐ EINEN PFANNKUCHEN IN DIE LUFT WERFEN ☐ UND WIEDER AUFFANGEN.

166. ☐ Einen IQ-Test machen.

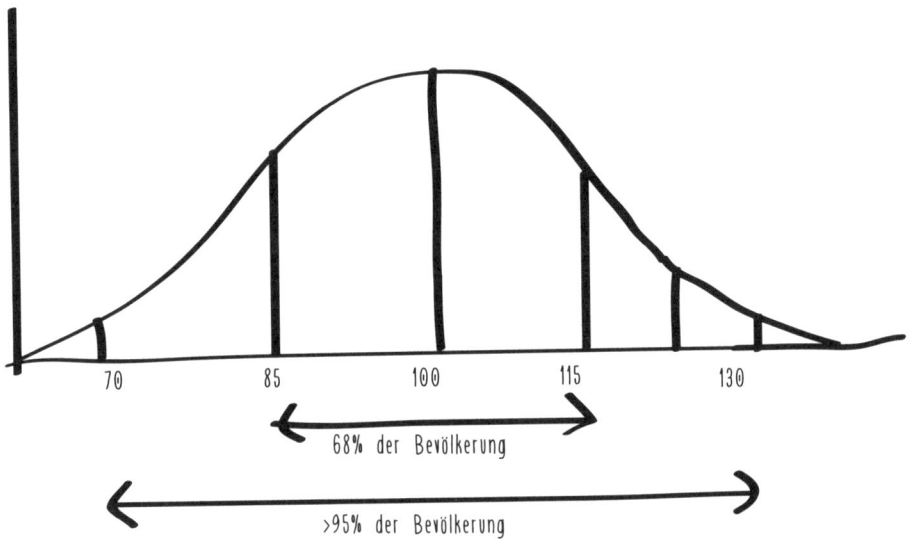

70   85   100   115   130

68% der Bevölkerung

>95% der Bevölkerung

Kennzeichne das Segment, in dem du dich befindest.

167.

☐ Einen Tag mit jemandem das Leben tauschen.
Mit wem? _____
Was hast du alles gemacht?

_____
_____
_____
_____
_____
_____
_____
_____
_____
_____
_____
_____
_____
_____
_____

168.

☐

Sei glücklich, die oder der zu sein, die oder der du bist und wie du aussiehst.

169. ☐ 21 Stunden schweigen. Pssssssssssst.

Du darfst Notizen machen.

170. ☐ Nutzlose Dinge sammeln und nicht eher aufhören, bis du 100 zusammen hast. (Denk an: Wein, Briefmarken, Poster von Justin Bieber, Unterwäsche von deinen Geliebten ...) Was hast du gesammelt?

————————————————————

171. ☐ Mit einem völlig Fremden ein tiefsinniges Gespräch führen.

172. ☐ Einen Fuß auf den Mond setzen.

173. ☐ AUF EINEM KONZERT
VON _____ AUF
JEMANDES SCHULTERN SITZEN.

174. ☐ IN DIE SAUNA GEHEN.
SCHWITZ, SCHWITZ!

175.
☐ IM REGEN SCHWIMMEN.

176. ☐ DRAUßEN IN EINEM WHIRLPOOL SITZEN,
WÄHREND ES SCHNEIT.

177. ☐ Ein Musical sehen (live).

178. ☐ Um ein Lagerfeuer sitzen und ☐ Marshmallows rösten.

179. ☐ Eine Petition gegen/für

_____ unterschreiben.

180. ☐ AM FREITAG, DEM 13. UNTER EINER LEITER HINDURCHGEHEN

☐ UND EINE SCHWARZE KATZE SEHEN. O-OH!

181. ☐ Ein Mentos in ein Glas Cola werfen.

182. ☐ Einen Familienstammbaum malen.

183. ☐ Eine Großpackung Binden in einen fremden Einkaufswagen legen ☐ und seine/ihre Reaktion filmen. Hat man dich erwischt? Ja/nein.

184. ☐ Monopoly mit echtem Geld spielen.

185.
☐ Bowlen gehen ☐ und einen Strike werfen.

186.

☐ Helfen, dass sich ein Wunsch von jemandem erfüllt.

Von wem? _____

Was hat er/sie sich gewünscht?

_____

_____

_____

_____

187. ☐ Frühstück ans Bett bekommen.

Aber was ist mit den verdammten Krümeln?

■ Mitglied werden im **188.**
Mile High Club.

189. ■ Ein Video drehen von einem typischen Tag deines
Lebens und es in 10 Jahren wieder anschauen.

190. ■ Eine Schneeflocke auf deiner
Zunge landen lassen.

■ Kündigen.
Achtung: Nur, wenn du deinen Job
nicht gerne machst. **191.**

192. ☐ Pfeifen lernen.

193.

☐ Etwas erfinden. (Ein Spiel, ein Rezept, eine App oder vielleicht perfektionierst du etwas, das es schon gibt. Wie ambitioniert!) Was hast du erfunden?

_____

_____

_____

_____

194. ☐ Jemanden motivieren, eine Bucket List zu schreiben. Noch besser: ☐ jemanden überzeugen, dieses Buch zu kaufen.
*wink*wink*

195.
☐ Weiße Weihnachten erleben. Let it snow, let it snow, let it snow!

196.
☐ Ausgiebig picknicken.
(Damit ist nicht gemeint, ein Brötchen im Park zu essen.)

☐ Bei Kerzenlicht zu Abend essen. Oh la la, romantica! **197.**

198.
☐ Einen Spitznamen bekommen ☐ oder dir selbst einen

zulegen (aber das ist vielleicht doch zu peinlich).

Wie lautet dein Spitzname? _____

☐ Mit einem Dezibelmesser herausfinden, wie laut du **199.**
schreien kannst. Und, wie laut war's? _____dB
laut genug für das Guiness Buch der Rekorde?
(siehe Nr. 51)

200.

☐ Dafür sorgen, dass in der Zeitung über dich geschrieben wird.

Klebe hier den Artikel ein.

201. ☐ IN EINEM RESTAURANT ZUERST DAS DESSERT, DANN DAS HAUPTGERICHT UND DANACH DIE VORSPEISE BESTELLEN. EINFACH, WEIL DU KANNST!

202. ☐ AM FUSS DES EIFFELTURMS JEMANDEN KÜSSEN.

WEN? _____

203. ◌ Bei einem Film weinen
◌ oder beim Lesen eines Buches.

204. ☐ Bei einem Festival auf die Toilette gehen.

Tun wir das nicht alle gerne?

205.

☐ zum flughafen fahren ohne zu wissen, wohin du fliegst. wo ging's hin?

_____

206. ☐ Eine Woche nicht fernsehen.
Was machst du dann abends?

_____

_____

_____

_____

_____

_____

_____

_____

207. ☐ Valentinstag feiern.

208. ☐ Zum Camping oder ☐ Glamping gehen.

209. ☐ Einen ganzen Tag nicht in den Spiegel schauen. (Nicht schummeln. Verhülle am Abend vorher alle Spiegel.)

210. ☐ Zum Doppel-Date gehen. Dann ist die Liebe doppelt schön.

☐ Sich in einem fremden Land verlaufen. **211.**

212.

☐ Eine Tequila-Geschichte erzählen.

(Because everyone has a tequila story!)

_____

_____

_____

_____

_____

_____

_____

_____

_____

_____

_____

_____

_____

_____

_____

_____

_____

_____

213. ☐ Jemanden ausfragen.

214. ☐ Dich hypnotisieren lassen und feststellen, dass es bei dir nicht funktioniert.

☐ Jemandem vergeben, was er/sie getan hat. **215.**

216. ☐ Eine Perle in einer Auster finden.

☐ In der Öffentlichkeit hinfallen. Face first! **217.**

218. ☐ Das Gesicht eines Schlafenden anmalen.

Ein Klassiker!

219. ☐ Enten füttern im Park.

220.

☐ Die Inbox deines Mailfachs aufräumen und alle Newsletter abmelden, die du doch nicht liest.

221.

☐ Ein Bad nehmen mit Badeschaum.

222.

☐ Es in der Öffentlichkeit tun ☐ und
nicht erwischt werden.
Ferkel.

223.

☐ Alle deine Sommer-
sprossen und Muttermale
zählen. Es sind _____

224.

☐ Unter einem Balkon ein
Ständchen singen.

225.

☐ Deinen 50. Geburtstag feiern.
Hip, hip, hurra!

226.

☐ Einen Schneemann bauen.

227.

☐ Sich einen Knochen brechen.
War es ☐ ein Bein, ☐ ein Arm,
☐ deine Schulter oder ☐ etwas anderes:

_____

228. ☐ Bei einem Ball einen Schuh verlieren.

229. ☐ In New York ein Taxi anhalten.

230. ☐
Auf Kneipentour gehen.
Viel Spaß!

231. ☐ Ein Tattoo stechen lassen.
(Oder auch nicht.)

232.
☐ EINE GANZE NACHT TANZEN, BIS DIE SONNE WIEDER AUFGEHT.

233. ☐ Auf einem Trampolin springen. Höher, höher, höher!

234. ☐ MIT EINEM KANU ODER KAJAK FAHREN.

235.

☐ In Las Vegas ein Kasino besuchen.

236.

☐ Und wo du da gerade bist, kannst du dich in der Little White Chapel auch gleich trauen lassen.

237.

☐ Sag es mit Blumen.

Wem? _____

Was möchtest du sagen?

_____

_____

_____

238. ☐ LASS EINEN STRASSENMALER HIER EINE KARIKATUR VON DIR ZEICHNEN.

239.

☐ Entdecke, was dich richtig glücklich macht:

_____

_____

_____

_____

_____

_____

_____

240.

☐ In einem Sternerestaurant essen. Welches Restaurant: _____
Male die Anzahl der Sterne aus.

☆ ☆ ☆

241. ☐ Eine Pyramide besichtigen.

☐ Schwimmen lernen. (Sonst ertrinkst du!) **242.**

243.

☐ Aufhören zu rauchen oder noch besser ☐ gar nicht erst anfangen.

244.

☐ Einer japanischen Tee-Zeremonie beiwohnen ☐ in Japan.

245.

☐ Liebeskummer haben.

Es fühlt sich an wie das Ende der Welt,
aber vergiss nicht: Auch das geht zu Ende.
Bald weißt du nicht mehr, was du an ihm/
an ihr gefunden hast.

246.

☐ Dich selbst mit Klebeband an einer Mauer aufhängen lassen.

Das ist lustig!

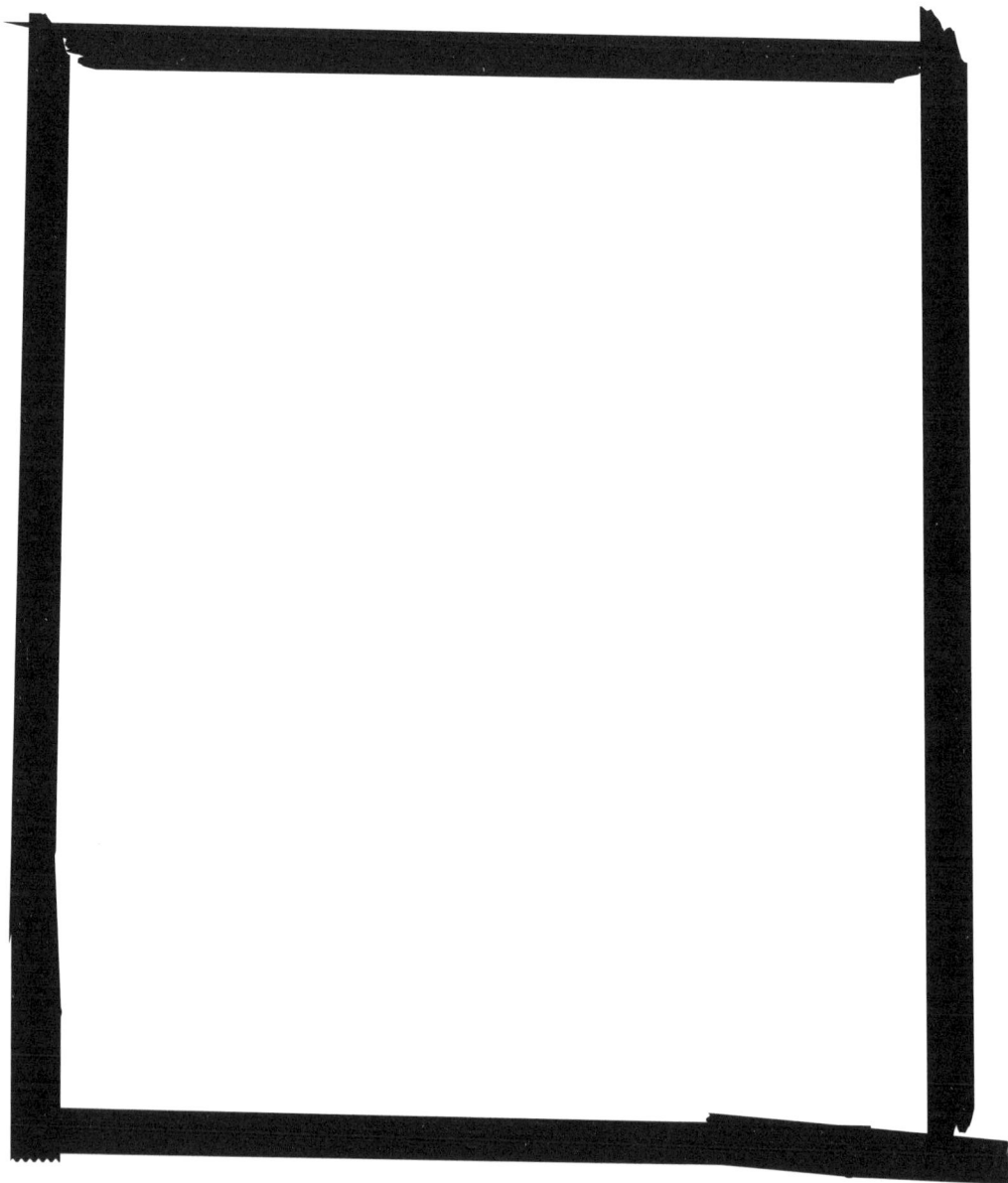

247. ☐ Der Mona Lisa Aug in Aug
gegenüberstehen.

248. ☐ In einem Eishotel
übernachten. Ice ice baby!

249. ☐ Einen Rubik's Cube lösen.

250. ☐ Stonehenge besichtigen
☐ und versuchen, einen Stein
umzuwerfen.

251. ☐ Zu einer Vorstellung des Cirque du Soleil gehen.

252.

☐ Mit Delfinen schwimmen (Zu sehr Klischee für dich? Dann probier ☐ Haie oder ☐ Schildkröten.)

253.

☐ Weihnachten am Strand feiern.

Hat der Weihnachtsmann dann eine Badehose oder Schwimmshorts an? Stoff oder kein Stoff, das ist hier die Frage.

254.

☐ Eine Weltreise machen.

255.

☐ Den Äquator

überqueren.

10...
9... 8...

7...
6...
5...

4... 3... 2... 1!

256.

☐ Beim Pferderennen auf das richtige Pferd setzen.

257.

☐ Dafür sorgen, dass der Turm von Pisa nicht umfällt. (Du weißt schon, die typischen Touristenfotos ...)

258.

☐ Im Alter in ein anderes Land auswandern.
Wohin? _____

259.

☐ Eine Rede halten ☐ bei einer Trauung.
Was hast du gesagt?

_____
_____
_____
_____
_____
_____
_____
_____
_____
_____

260.

☐ Auf Kreuzfahrt gehen.
(Deshalb musst du schwimmen lernen.
Siehe Nr. 242)

261.

☐ In Afrika auf Safari gehen.

262.

☐ In Rio de Janeiro Karneval feiern.
Brazil, tadatadatadatadatada.

263.

☐ Ins Open-Air-Kino gehen
oder noch besser
☐ in ein Autokino fahren.

264.

☐ Auf dem Münchner
Oktoberfest Bier trinken.

265.

☐ Eine Ballonfahrt machen.

Nicht nach unten schauen, bitte!

Klebe hier ein Foto von der atemberaubenden Aussicht ein.

266. ☐ Jemanden aus einer ☐ Londoner Telefonzelle anrufen.

LONDON CALLING

267.

☐ Jemanden verlieren, den man gerne hat.

Das ist nicht das Schönste auf dieser Liste, aber es gehört auch zum Leben. Sei stark!

268. ☐ Hinten auf einem Motorrad mitfahren.

269. ☐ In einer Wüste Durst bekommen ☐ oder glücklicherweise im Rucksack etwas dabei haben.

lucky you!

270. ☐ Das Polarlicht sehen.

271.

☐ EINE SONNENFINSTERNIS ERLEBEN.

272.

◻ EINE MONDFINSTERNIS ERLEBEN.

273.

☐ Eine Liste machen von allen Menschen, die du bewunderst und es ihnen sagen. (Nicht, dass du nur eine Liste geschrieben hast, du sollst auch etwas davon haben.)

— — — — — — — — — — — — — — — — — — — —

— — — — — — — — — — — — — — — — — — — —

— — — — — — — — — — — — — — — — — — — —

— — — — — — — — — — — — — — — — — — — —

— — — — — — — — — — — — — — — — — — — —

— — — — — — — — — — — — — — — — — — — —

— — — — — — — — — — — — — — — — — — — —

— — — — — — — — — — — — — — — — — — — —

— — — — — — — — — — — — — — — — — — — —

— — — — — — — — — — — — — — — — — — — —

274.

☐ Auf dem Skywalk des Grand Canyon stehen.

275.

☐ Die absolute Stille erlauschen. Pssssssssst.

276.

☐ Eine Pflanze ein ganzes Jahr am Leben halten.

Wasser geben!

I WILL SURVIVE

277.

☐ Ein Brot backen und den Duft frisch gebackenen Brotes genießen.

278.

☐ Auf einem Markt feilschen. Lass dich nicht übers Ohr hauen.

279.

☐ Von einer Qualle stechen lassen.

☐ Es ist schmerzhafter als eine Operation ohne Betäubung.

☐ Ich bin tapfer (oder ich tue wenigstens so) und habe nichts gespürt.

280.

☐ Ein Buch lesen, dessen Verfilmung ins Kino kommt. Was war besser? Das Buch/der Film?

281.

☐ Aktien kaufen. Waren sie ihr Geld wert?

☐ Ich sollte schon ein Brot davon kaufen können.

(Hoffentlich reicht es auch noch für ein Glas Nutella.)

☐ Sie haben mir einen schönen Urlaub beschert.

☐ Ich kann mich zur Ruhe setzen.

Glückspilz!

282.

☐ In einer heißen Quelle schwimmen. Wo?_____

283.

☐ Einen 3D-Film anschauen ☐ ohne Kopfschmerzen zu bekommen.

284.

☐ Eine Überraschungsparty bekommen.
☐ Ich war wirklich überrascht.
☐ Ich habe so getan, als ob, denn jemand konnte seine Klappe nicht halten.

285.

☐ Dein verborgenes Talent entdecken.
Und das ist:

_____

_____

286.

☐ In einem Schloss schlafen.
Ich bin eine echte Prinzessin/ein echter Prinz.

287. 🌲 EINEN WEIHNACHTSBAUM SCHMÜCKEN.

288. ☐ MITGLIED WERDEN IN EINEM TEAM ODER CLUB. Der Bucket-List-Club vielleicht? Join us #abucketlistlife

289. ☐ WALTER FINDEN.

290. ☐ EINE BANANE MIT DER POST VER-SCHICKEN. NATÜRLICH OHNE VERPACKUNG. LET'S GO BANANAS!

291. ☐ DEINEM AUTO EINEN NAMEN GEBEN:

_____

WENN DIR DAS GEFÄLLT, DANN GIB AUCH DEINEN
MÖBELN EINEN NAMEN. ODER IST DAS EINEN TICK
ZU VIEL?

292. ☐ EINEN FISCH FANGEN.

293. ☐ EINEN MONAT LANG KEINE LEBENSMITTEL
WEGWERFEN. KEIN RESTETAG, EIN RESTEMONAT!

294. IN EINEM IGLU SCHLAFEN.

295. ☐ Einen Fuß hinter den Kopf legen.
(Tipp: Wenn es wirklich nicht mit einem
eigenen Bein funktioniert, dann nimm das
Bein eines anderen.)

296. ☐ Zu einer Beerdigung gehen.

☐ In einem Kranken- **297.**
haus übernachten.

298.

☐ In Monaco oder St. Tropez so tun, als ob du steinreich wärst.
Frag deine Freunde, ob sie deinen Bodyguard spielen wollen, denn
du musst abgeschirmt werden.

299.
☐ Im Fernsehen auftreten.
Bist du bereit für deine 15 Minuten Ruhm?

300. ☐ Ein Strip-Lokal besuchen.

301.

☐ Im Stehen pinkeln.

302.

☐ Etwas an die Wände einer
öffentlichen Toilette schreiben.

303.

☐ Kurze Nachrichten in den Büchern einer
Bibliothek zurücklassen für die Leser nach dir.

Denn wer würde sich darüber nicht freuen?

304.

☐ Ein Tagebuch anlegen ☐ über alles, was
du auf der Bucket List abhaken kannst.

305. ☐ Schreibe einen Monat lang alle deine Ausgaben auf. Alle! Kannst du irgendwo sparen?

€ _____
€ _____
€ _____
€ _____
€ _____
€ _____
€ _____
€ _____
€ _____
€ _____
€ _____
€ _____
€ _____
€ _____
€ _____
€ _____
€ _____
€ _____
€ _____
€ _____
€ _____
€ _____
€ _____
€ _____
€ _____
€ _____
€ _____
€ _____
€ _____

€ _____
€ _____
€ _____
€ _____
€ _____
€ _____
€ _____
€ _____
€ _____
€ _____
€ _____
€ _____
€ _____
€ _____
€ _____
€ _____
€ _____
€ _____
€ _____
€ _____
€ _____
€ _____
€ _____
€ _____
€ _____

TOTAL: € _____

306.

☐ Trauzeuge sein.

307.

☐ Pate/Patin eines Babys werden. Wie ist der Name des kleinen Schätzchens?

––––––––––––––––––

308. ☐ Eine Medaille gewinnen für

––––––––––––––––––––––––––––

Ich bin doch echt gut!

309.

☐ Einen Bumerang werfen ☐ und wieder fangen.

310. ☐ NESSI SEHEN ☐ ODER DEN YETI TREFFEN.

311. ☐ EINE WOCHE LANG KEIN GELD AUSGEBEN. MONEY CAN'T BUY HAPPINESS!

Aber es hilft.

312. ☐ EINEN HÜGEL HINUNTERPURZELN.

313. ☐ EINEN JETLAG HABEN.

Ein Jetlag ist unangenehm, aber es fühlt sich gut an, die andere Seite der Welt gesehen zu haben. Yeah!

314.
☐ Jemandem etwas beibringen. Was und wem? _____

_____

☐ Auf einer Karte blind eine Stelle
markieren und dorthin reisen.

315.

Verwende die
karte auf seite 132!

316.
☐ Gleichzeitig in zwei Ländern sein. Welche sind das?

_____ und _____

317.
☐ Eine Woche lang allen
Menschen nur die Wahrheit
sagen. Unterschätze das nicht! Wenn deine Freundin dich fragt, ob
sie in der Hose dick aussieht, musst du ehrlich antworten ...

318.
☐ Trampen und nicht eher aussteigen, bis der Fahrer an seinem
Ziel angekommen ist. Wohin hat es dich verschlagen?

_____

319. ☐ 10 Dinge essen, die du vorher noch nie probiert hast.

- _____
- _____
- _____
- _____
- _____
- _____
- _____
- _____
- _____
- _____

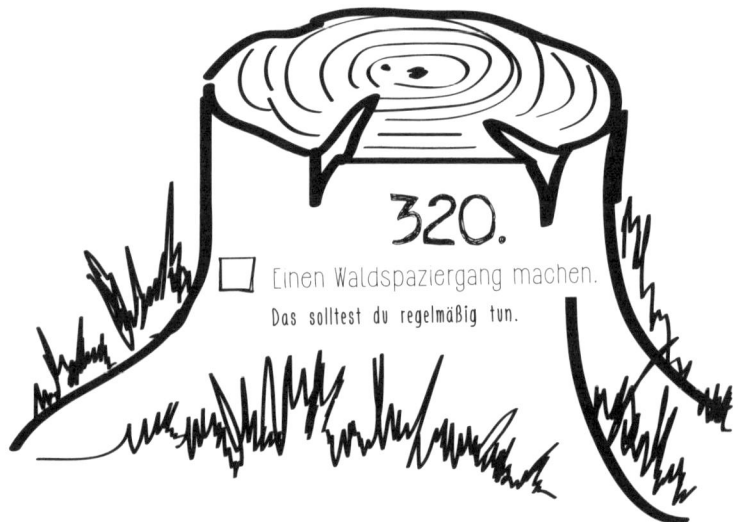

320.

☐ Einen Waldspaziergang machen.

Das solltest du regelmäßig tun.

321.

☐ Herausfinden, wo deine Wurzeln liegen (mit einem Familienstammbaum) und all diese Orte besuchen.

Siehe Punkt 182.

322.

☐ Eine Vogelspinne anfassen. (Wenn du beim Lesen dieser Zeilen anfängst zu zittern, wünsche ich dir viel Kraft.)

323.

☐ Zum Psychologen gehen und deine ganze Lebensgeschichte erzählen. Ohne etwas zu beschönigen.

324.

☐ Auf der Chinesischen
Mauer entlanglaufen.

325.

☐ Bei einer TV-Show im
Publikum sitzen (und auf
Kommando lachen).

326.

☐ Für den Ruhestand sparen.

327.

☐ Einen Kurs belegen. Was hältst
du von Tanzstunden, Fotografie oder
thailändisch kochen?

328. ☐ 25 verschiedene Aphrodisiaka ausprobieren.

- _____
- _____
- _____
- _____
- _____
- _____
- _____
- _____
- _____
- _____
- _____
- _____
- _____
- _____
- _____
- _____
- _____
- _____
- _____
- _____
- _____
- _____

329.
☐ Über den Wolken fliegen.

Feeling high?

330.
☐ Ein Baby auf die Welt bringen.

331.
Auf einer hohen ☐ Wasser-
☐ Rutsche rutschen.

332.
☐ Ein Jahr lang 2-mal in der Woche Sport treiben.

Remember: sweat is fat crying.

333.

☐ Jemanden um Entschuldigung bitten.
Wofür?

_____

334.

☐ Eine zufällige Nummer anrufen und
Happy Birthday singen.

Happy birthday to you
Happy birthday to you
Happy birthday, dear stranger
Happy birthday to you.

335.

☐ Ein Kunstwerk schaffen.
Kunst ist relativ, zum Glück.

336.

☐ Dir nichts daraus machen, was
andere über dich denken.

You are perfect!

337. ☐ Einen Kaugummi groß aufblasen.

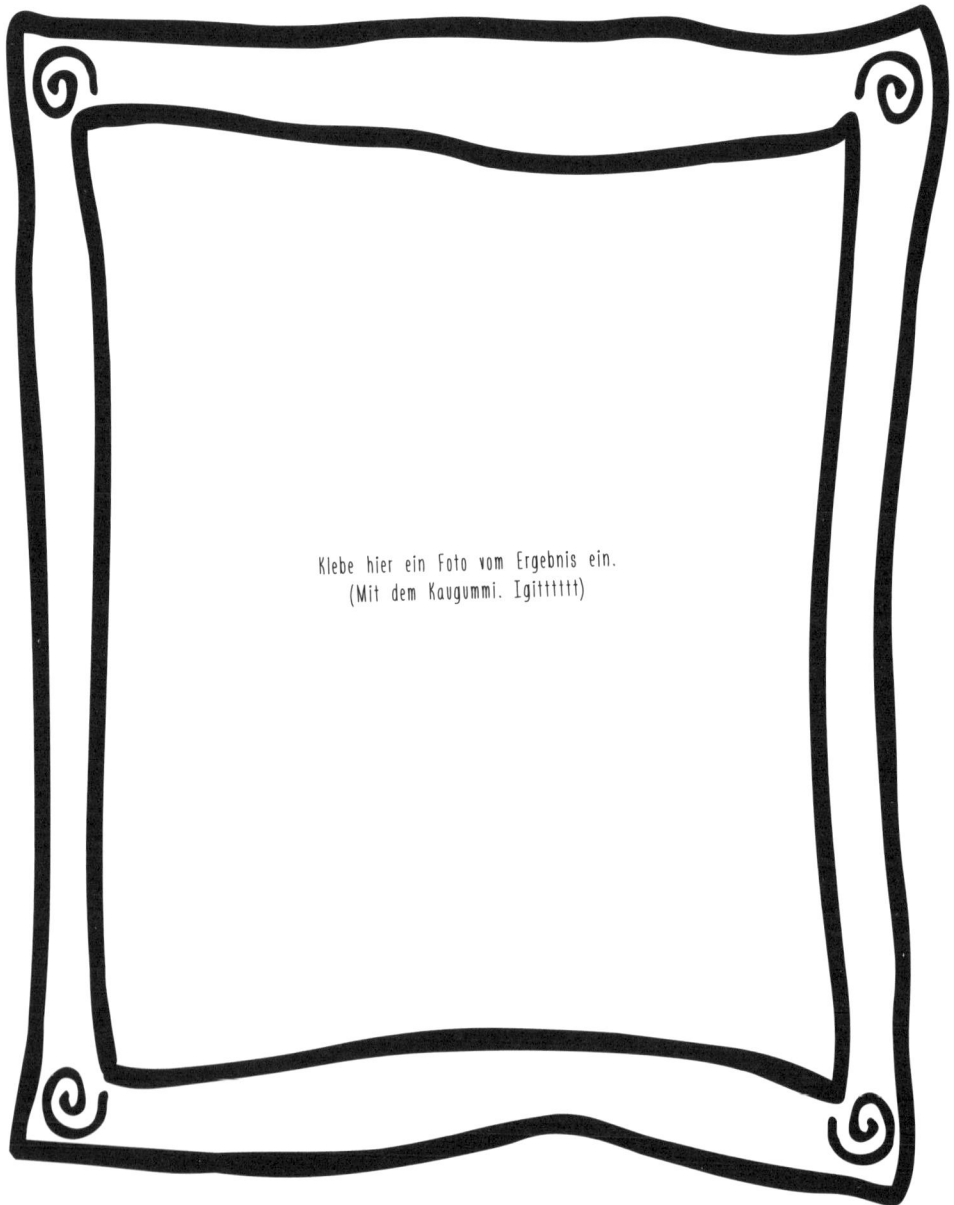

Klebe hier ein Foto vom Ergebnis ein.
(Mit dem Kaugummi. Igitttttt)

338. ☐ EINE SANDBURG BAUEN.

339. ☐ UNTER EINER PALME EINEN COCKTAIL TRINKEN.

340. ☐

GEISTER HERAUFBESCHWÖREN.

Sei vorsichtig, sie könnten tatsächlich
kommen und herumspuken.

341. ☐ EINEN SCHMETTERLING FANGEN.

342.

☐ Disneyland oder ☐ Disneyworld
besuchen.   It's a whole new world!

☐ Einen Beschwerdebrief schreiben und
☐ auf ein Gratisprodukt hoffen.   # 343.

344.

☐ Alleine in ein
Restaurant gehen.

345. ☐ Bungeejumping.

346.

☐ In einer Hüpfburg springen.
Was gibt es Schöneres als ein
Kind zu sein.

347.

☐ Im Schlafanzug ins Kino gehen.

Ist doch normal, oder?

348.

☐ Beim Eis essen einen
Brainfreeze bekommen.

Wahrscheinlich hast du das Eis mit 5 Kugeln von Nr. 105 gegessen.

☐ In einem anderen Land
einen regionalen Feiertag feiern.
Celebrate

349.

350.

☐ Chinese New Year feiern und allen Freunden eine Neujahrskarte schicken.

351.

☐ Deine Goldene Hochzeit feiern.

Glückwunsch, das muss echte Liebe sein.

352.

☐ Lass dir eine Gute-Nacht-Geschichte vorlesen und schlafe dabei ein.

Nicht nur Kinder finden das schön!

353.

☐ Die Voicemail deines Anrufbeantworters einstellen. Nichts ist so unpersönlich wie „Dies ist die Mobilbox von" und dann eine Nummernansage.

go outside
AND DO SOMETHING
YOU WILL
REMEMBER

354. ☐ Dem Friseur freie Hand lassen. Bist du so mutig?

355.

☐ In einer Kneipe eine Runde ausgeben.

356.

☐ Sich auf eine Stelle bewerben, für die du nicht die geringste Qualifikation hast.

Unter dem Motto: Wer nicht wagt, der nicht gewinnt.

357.

☐ In Russland eine Uschanka tragen.

Google ist dein bester Freund.

358.

☐ Einen Heiratsantrag bekommen oder ☐ machen.

359. ☐ So lange betteln, bis du 5 € zusammen hast.

360. ☐ Den Taj Mahal in Indien besuchen.

☐ Eine Fliege fangen und sie draußen wieder freilassen. **361.**

362.

☐ Alle Filme anschauen, die in der Kategorie „Bester Film" einen Oscar bekommen haben.

Und natürlich selbst Popcorn machen!

363. ☐
EINE KOMPLETTE STAFFEL EINER SERIE AUF EINMAL ANSCHAUEN. VERSCHLAFEN? DU? NICHT DOCH!

364. ☐ Auf einen Maskenball gehen
☐ und dort Prinz Charming oder Aschenputtel treffen.

365. ☐ Fotos am Automaten machen.

Klebe die Fotos hier ein.

366. ☐ EINEN TAG (ODER MEHR)
JEDEN ANLÄCHELN, DER DIR AUF DER STRASSE ENTGEGENKOMMT.

Du wirst überrascht sein, wie viele Leute dich für ver-
rückt halten. Was dann eigentlich wieder schade ist.

367. ☐ AN EINEN FKK-STRAND GEHEN.

368. ☐ FÜR EINE NACHT OBDACHLOS SEIN.

369. ☐ EINE GROSSE SPORTVERANSTALTUNG BESUCHEN.

370. ☐ EINEN EURO AUF DEN BODEN KLEBEN UND SCHAUEN, WIE VIELE LEUTE VERSUCHEN, IHN AUFZUHEBEN.

Klassiker kommen nicht aus der Mode!

371.

☐

Paintball spielen oder mit Farben werfen – du wirst die Muster lieben.

372.

☐ Ein buddhistisches Kloster in Tibet besuchen.

373.

☐ Um 6 Uhr morgens einen Spaziergang machen.

Du wirst staunen, wie schön der Morgen sein kann.

374.

☐ Einen Strandspaziergang machen ☐ an einem schwarzen Strand.

375. ☐ Einen echten Cowboy treffen.

376. ☐ Fragen, ob er dir beibringt, wie man ein Lasso wirft. Jihaaaa!

377. ☐ Zuschauen, wie sich eine Raupe in einen Schmetterling verwandelt.

378. ☐ Einer älteren Frau über die Straße helfen.

GOOD KARMA!

379. ☐ Bei Rot die Straße überqueren.

There is still so
much to see...

380. ☐ ALLE LÄNDER AUF DER KARTE EINZEICHNEN, IN DENEN DU SCHON GEWESEN BIST.

381. ☐ In Südafrika eine regionale Delikatesse essen.
Was hast du gegessen? _____

Bist du sicher, dass es das war?

382. ☐ Auf einem Gletscher laufen.

383. ☐ Jemandem folgen und versuchen seine/ihre Bewegungen exakt nachzuahmen.

384.

☐ Eine Trekkingtour durchs Amazonasgebiet machen.

385. ☐ Eine schlechte Angewohnheit ablegen:

_____

386. ☐ Und noch eine: _____

387. ☐ 10 Unesco-Weltkulturerbe-Stätten besuchen.

☐ _____   ☐ _____

☐ _____   ☐ _____

☐ _____   ☐ _____

☐ _____   ☐ _____

☐ _____   ☐ _____

388.

☐ Einen Blitz sehen und
☐ den Donner hören.

389.

☐ Jeden Monat ein Foto von deinen Kindern machen. 18 Jahre lang.

Sie werden so schnell groß.

☐ Ein Wort finden, das sich auf Kilimandscharo reimt: # 390.

_____

Lass es mich wissen, wenn du eins gefunden hast. #abucketlistlife

391. ☐ In einem amerikanischen Schulbus mitfahren.

392. ☐ Auf einer Party ein bizarres Gerücht in die Welt setzen, um zu sehen, wie schnell es sich verbreitet. Aber ☐ nicht vergessen zu erzählen, dass es ein Gerücht war.

393. ☐ Auf dem Inka-Pfad den Machu Pichu in Peru besteigen.

394. ☐ Eine dreitägige Detox-Kur machen.

395. ☐ Von einem professionellen Barbier eine Rasur machen lassen oder ☐ ein Bikini-Waxing.

396.

☐ Schlittschuhlaufen auf einem zugefrorenen See.

Wenn du einbrichst, kannst du
Nummer 87 auch abhaken.

397. ☐ 21 Stunden wachbleiben.
Schaffst du das?
☐ Dann bleib 18 Stunden wach.
Gääääähn.

398.

☐ Links oder ☐ rechts von
Cristo Redentor in Rio de Janeiro
stehen.

399. ☐ Sushi essen ☐ in Japan.

400.

☐ Ein Buch kaufen und vom Autor signieren lassen. Vielleicht dieses Buch?

Ich habe meine Unterschrift geübt.

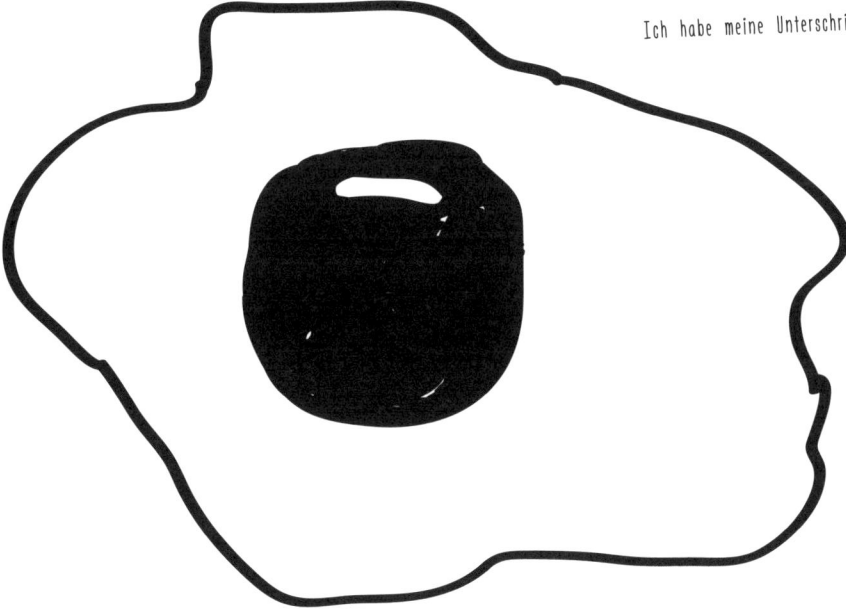

401. ☐ Ein Spiegelei braten auf der Kühlerhaube eines Autos.

402.

☐ Ein großes Festival im Ausland besuchen.

403. ☐ In der Transsibirischen Eisenbahn schlafen.

Ich korrigiere: versuchen zu schlafen.

404. ☐ GOLD SUCHEN ☐ UND FINDEN.

405. ☐ Jemandem deine Lebens- geschichte erzählen.

406. EINEN ☐ WASSER- ☐ VERGNÜGUNGS- PARK BESUCHEN.

407. ☐

TWISTER SPIELEN.

408. ☐ ETWAS DIREKT VOM BAUM/STRAUCH ESSEN.

409. ☐ Einem Obdachlosen etwas zu Weihnachten schenken.

410. ☐ JEDEN GANG EINES 12-GANG-MENÜS IN EINEM ANDEREN RESTAURANT ZU SICH NEHMEN ☐ ODER BEI ANDEREN FREUNDEN.

411. ☐ EINEM FREUND AUS DER NOT HELFEN.

412.

☐ Dich im Sand eingraben lassen.
(Lass den Kopf besser draußen.)

413.

☐ Der Freiheitsstatue in New York
winken.

,

414. ☐ In Bangkok an einer Garküche am Straßenrand
etwas Unbekanntes essen.

415. ☐ Eine neue Familientradition begründen.
Was hältst du von einem Preis für die beste
Schwester, die liebste Mama und den ulkigsten
Neffen? Wer soll im nächsten Jahr den Preis gewinnen?

416. ☐ Etwas lernen, das niemand von dir erwartet
und jemanden spontan damit überraschen. (Tipp:
Salto, Russisch, rückwärts sprechen ...) Was sind deine
geheimen Waffen?

——————————————————————————————————

417. ☐ Auf dem höchsten Gebäude der Welt stehen, dem Burj Khalifa in Dubai.

418.

☐ „Danke" sagen lernen in allen Sprachen der Länder, in denen du schon gewesen bist.

Denn Höflichkeit erleichtert das Leben.

419. ☐ In Texas einen Tornado sehen.

420. ☐ Auf einem Fest aus einer Torte springen.

(Davon MUSST du hier einen Beweis einkleben.)

421.
☐ Mit dem Wurf einer Münze eine wichtige Entscheidung treffen. Kopf oder Zahl?

422.
☐ Eine einsame Insel besuchen und ☐ das Wasser aus einer frischen Kokosnuss trinken und ☐ dabei nackt sein.
Was nimmst du mit auf die Insel?

——————————————————————
——————————————————————
——————————————————————
——————————————————————
——————————————————————
——————————————————————

423.
☐ Ein Tier aus einem Tierheim retten.

424.
☐ Den Walk of Fame besuchen. Oder besser: ☐ Einen eigenen Stern auf dem Walk of Fame haben.

Hello Hollywood, are you ready for me?

425.

☐ Beim Urnengang der richtigen Partei deine Stimme geben.

Aber welche ist die richtige Partei?

426.

☐ Einen Wal weit draußen auf dem Ozean sehen.

427.

☐ Auf einer Beachparty tanzen.

Spürst du den Sand zwischen deinen Zehen?

428. ☐ Ein Wunder miterleben. Oh, erzähl mehr:

_____

_____

_____

_____

_____

_____

429. ■ Deine Stimme im Radio hören.

430.

■ Dich eine Woche lang
über nichts beklagen und all
die negativen Gedanken in
positive umwandeln.

431.

■ Die perfekte Frau/den perfekten Mann treffen.

432.

■ Mit Pfeil und Bogen ins Schwarze treffen.

□ Einen ganzen Tag lang zu allem

OUI JES CHAI AVUNU
EVET
HANJI HO
BALEH NA'AM
HO HAA OO
AETKEN
HA NDIYO
YA HAI
HAA'N
SIM ARI TAIP PO NA IA YO
DIAKH GEE
SHI CHAI SEA
IGEN

YES TAK
DIAKH SÍ KYLLÄ
BAI HUFI HO
AREH AET TAIP
AVUNU ÁNO HAA
SEA EE Bæli
JA SEA NDIYO DA
WEEWAWO SHI SIM BALEH

sagen. Musstest du etwas tun, das du lieber nicht gemacht hättest?
Erzähl!

_____

_____

_____

_____

_____

_____

_____

_____

_____

_____

434. ☐ Jemanden überraschen.

435. ☐ Einen Zaubertrick lernen
☐ und Menschen richtig
damit verblüffen.

436.

☐ Schwalbennestersuppe essen.

437.

Einen kaputten Reifen wechseln
☐ am Auto ☐ am Fahrrad.

Großartig! Jetzt kannst du wieder fahren.

438. ☐ Eine Reise ohne Ziel unternehmen.

439. ☐ Jemanden in einer Diskussion von deiner Meinung überzeugen.

440. ☐ Deine Haare spenden für einen guten Zweck.

Das ist ein echtes Opfer und du solltest es nur tun, wenn du es wirklich möchtest. Aber das Wissen darum, dass du einen Krebspatienten damit sehr glücklich machen kannst, erleichtert deine Entscheidung ein bisschen.

441. ☐ Dich an einem unbekannten Ort aussetzen lassen und den Weg nach Hause zurückfinden. PS: Du könntest auch ohne Geld unterwegs sein. Sei kreativ!

442. ☐ In das Konzert eines Sängers oder einer Band gehen, von dem/der du noch nie gehört hast.

Jeder verdient eine Chance, oder?

Doing
IS WHAT MAKES A
DREAM
COME TRUE

443. ☐ DIE NIAGARA-FÄLLE BESUCHEN.

Damit kannst du auch Nr. 103 abhaken.

444. ☐ EINEN BALLON AUFSTEIGEN LASSEN MIT EINER BOTSCHAFT FÜR DEN FINDER.

445.
☐ JEMANDEN UNTER EINER MISTEL KÜSSEN.

446. ☐ LACHEN, BIS DU DAVON WEINEN MUSST UND DIR DER BAUCH WEHTUT.

447. ☐ BEIM ARZT EINEN CHECK-UP MACHEN LASSEN.

448. ☐ BLUMEN AUF EIN VERGESSENES GRAB LEGEN.

449. ☐ Etwas aus deinem Leben machen.

450. ☐ EINEN SCHNEE-ENGEL MACHEN.

Wenn du nicht weißt, wie das geht: Leg dich im Schnee auf den Rücken und bewege Arme und Beine ausgestreckt am Boden entlang nach oben und unten.

451.

☐ Einen extrem luxuriösen Tag genießen.

Yes, please!

452.

☐ Von einer Klippe ins Wasser springen.

453.

☐ Im Gurren der Tauben einen Sinn erkennen.

454.

☐ In einer Hängematte schlafen.
Das Paradies!

455.

☐ Per Anhalter in den Urlaub fahren mit weniger als 200 € in der Tasche.

456.

☐ Im Riesenrad Zuckerwatte essen.

457.

☐ Eine Leiche sehen.

Oder vielleicht doch lieber nicht!

458.

☐ Jemandem helfen, der ernsthaft krank ist.

459.

☐ DEN URSPRUNG ALLER FESTTAGE KENNENLERNEN, DIE WIR FEIERN.

☐ Die Lavendelfelder in der Provence riechen. **460.**

461. ☐ Drei Monate (oder länger) im Ausland leben.

462.

☐ Nachts im Meer schwimmen.

463. ☐ Ein Familienfoto machen lassen.

464.

☐ Jemanden
beim Schach
matt setzen.

465.

☐ Aus einem Flugzeug springen.

466.

☐ Sich ausmalen, was man mit einem
Gewinn von 5 Milliarden machen würde.

Echt! Du bist dann schon mal vorbereitet.

_____
_____
_____
_____
_____
_____
_____
_____
_____
_____
_____

467.

☐ Ein Kreuzworträtsel vollständig lösen.

468.

☐ 50 € in deine Winterjacke stecken, sobald sie über den Sommer weggepackt wird.

Es ist immer schön, nach einem halben Jahr 50 € zu finden.

469.

☐ Mit geschlossenen Augen ein Gericht auf einer Speisekarte aussuchen und bestellen.

470.

☐ Eine Woche lang täglich 20 ernstgemeinte Komplimente machen.

471. ☐ Mit gestreckten Beinen deine Zehen berühren.

472. ☐ Auf hohen Absätzen laufen.

☐ Lernen, mit der **473.** linken Hand zu schreiben.

(Oder mit der rechten, wenn du Linkshänder bist)

474.

☐ Dich an jedem sonnigen Tag mit Sonnencreme eincremen, auch im Winter.

475.

☐ Die Produktion einer Brauerei oder einer Schokoladenfabrik besichtigen oder von etwas anderem, das dich interessiert.

476.

☐ Surfen
(oder es zumindest versuchen)

477.

☐ Einen Monat lang keinen Alkohol trinken.

Wenn du das schwierig findest, hast du ein Problem.

478.

☐ 24 h als Rollstuhlfahrer verbringen
☐ und dich maßlos aufregen über die Uneben-
heiten in der Straße.

479.

☐ Einen Namensvetter treffen. Vor- und Nachname! Außer, wenn du Shaniqua-Belle Delomoreo heißt (oder einen anderen unaussprechlichen Namen hast.)

480.

☐ Akupunktur ausprobieren.

Ich hoffe, du hast keine Angst vor Nadeln!

481.

☐ Spaghetti essen

wie Susi und Strolch.
"Schmatz"

482.

☐ Einen Brief schreiben an eine beliebige Adresse und ☐ hoffen, dass eine Antwort kommt.

Öffne das Telefonbuch, zeig mit dem Finger auf einen Namen. Das ist der Empfänger! Vergiss nicht, eine Briefmarke aufzukleben!

483. ☐ ORGANISIERE EIN GROSSES FEST UND STEHE DEN
GANZEN TAG IM MITTELPUNKT!
IT'S ALL ABOUT YOU!

484. ☐ EINGELADEN WERDEN ZU EINER PREMIERE.

485. ☐ EIN EHRENAMT BEKLEIDEN.

486. ☐ Eine beste freundin/einen besten freund haben. Denn echte freunde machen schöne momente noch schöner und schwierige momente einfacher.

487.
☐ TULPEN KAUFEN IN AMSTERDAM.

~~wish~~ do

488. ☐ AM STRAND SCHLAFEN.

489. AUF EINER KIRMES EIN BIER ☐ BEKOMMEN ODER ☐ SPENDIEREN.

490. ☐ SICH STREITEN ☐ UND SICH WIEDER VERSÖHNEN.

491. ☐ Schreibe hier mit Feder und Tinte.

492. ☐ Einschlafen und ☐ aufwachen neben der Liebe deines Lebens.

☐ Mit der Nase in die Butter fallen **493.**

494.
☐ In die Hose pieseln.
(Das kannst du doch sofort abhaken?)

495.

☐ Alle Folgen von Friends anschauen.

Wenn du Punkt 363 noch nicht abgehakt hast, kannst du das jetzt machen.

496.

☐ Mit Freunden in den Urlaub fahren.

497.

☐ Pinguine in ihrer natürlichen Umgebung sehen.

happyfeet

498.

☐ Gemüse anbauen.

Oder hast du wirklich keinen grünen Daumen?

499. ☐ GESUND ALT WERDEN.

500.

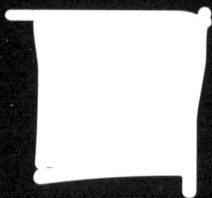

ALLE PUNKTE IN
DIESEM BUCH ABHAKEN.

5 TIPPS FÜR DEINE EIGENE BUCKET-LIST

1. **SCHREIB DEINE BUCKET LIST AUF.** Durch das Aufschreiben wirst du sie eher verwirklichen. Die Liste ist ein Versprechen, das du dir gibst. Du bekommst bereits 500 Ideen vorgeschlagen, aber du hast sicherlich noch andere Träume. All deine persönlichen Wünsche und Ziele kannst du auf den folgenden Seiten loswerden. *(Dream big)*

2. **ACHTE AUF ABWECHSLUNG.** Sorge dafür, dass deine Liste ausgewogen ist, was große und kleine Herausforderungen angeht. Die einfachen Dinge sollen dafür sorgen, dass du motiviert bleibst, um auch die schwierigeren Punkte zu verwirklichen. Sorge für ausreichend Abwechslung zwischen diesen sechs Kategorien: Erfahrung, Reisen/Kultur, Körper/Gesundheit, Wissen/Fertigkeiten, Liebe/Freundschaft/Familie und sonstiges.

3. **BLEIB MOTIVIERT!** Du kannst hunderte Listen machen, aber wenn du sie nicht abarbeitest, dann sind sie sinnlos. Verstehst du? Versuche, deine Bucket List monatlich durchzusehen und regelmäßig Punkte abzuhaken.

4. **TEILE DEINE ERFAHRUNGEN UND INSPIRIERE ANDERE!** Durch das Teilen deiner Bucket List mit Freunden und Familie (oder warum nicht mit dem Rest der Welt?) kannst du sie motivieren, selbst aktiv zu werden. Und es soll dir dabei helfen, so viele Punkte wie möglich abzuhaken. Du willst doch nicht, dass jemand denkt, du gibst auf, oder?

5. **GENIESSE ES!** Zweifellos der wichtigste Tipp, den du bekommen kannst.

- [ ] --
- [ ] --
- [ ] --
- [ ] --
- [ ] --
- [ ] --
- [ ] --
- [ ] --
- [ ] --
- [ ] --
- [ ] --
- [ ] --
- [ ] --
- [ ] --
- [ ] --
- [ ] --
- [ ] --
- [ ] --
- [ ] --
- [ ] --

Die with memories, not dreams.

<----- TRÄUMER

Hier startet dein weg
zum Glück

Bergfest. Du hast die Hälfte geschafft,
wie fühlt es sich an, ein Macher
zu sein?

174

BIST DU EIN MACHER ODER EIN TRÄUMER??

Auf dieser Seite kannst du deine Fortschritte verfolgen. Das soll vor allem in den Momenten helfen, in denen du etwas Motivation brauchst. Konntest du schon lange kein Kreuzchen mehr machen? Probier dann, etwas Einfaches von der Liste zu streichen!

wow. Deine ersten 50 Träume sind verwirklicht. Bist du bereit für mehr?

Träume werden 100 schöne Erinnerungen. Bewahre sie!

Noch 100 Träume zu verwirklichen. Pack es an!

sooo! Aber sei dir sicher, auch für dich gibt es noch viel zu entdecken!

MACHER ----->

PLAZA

ist ein Imprint der

HEEL Verlag GmbH
Gut Pottscheidt
53639 Königswinter
Tel.: 02223 9230-0
Fax: 02223 9230-13
E-Mail: info@heel-verlag.de
www.heel-verlag.de

Deutsche Ausgabe:
© 2017 HEEL Verlag GmbH
2. Auflage 2017
Plaza ist ein Imprint der HEEL Verlag GmbH

Originalausgabe:
© Uitgeverij Lannoo, 2015

Originaltitel: *Het Bucketlist boek. 500 dingen die je gedaan moet hebben*
Original-ISBN 978-94-014-2361-8

Text: Elise De Rijck
Gestaltung: Valérie Machtelinckx i. Z. m. Elise De Rijck

Deutsche Ausgabe:
Satz: Stefan Witterhold
Übersetzung und Projektleitung: Christine Birnbaum und Ulrike Reihn-Hamburger

Printed in Czech Republic

ISBN 978-3-95843-570-1